DIE REIHE
*Archivbilder*

# WIEN-WÄHRING

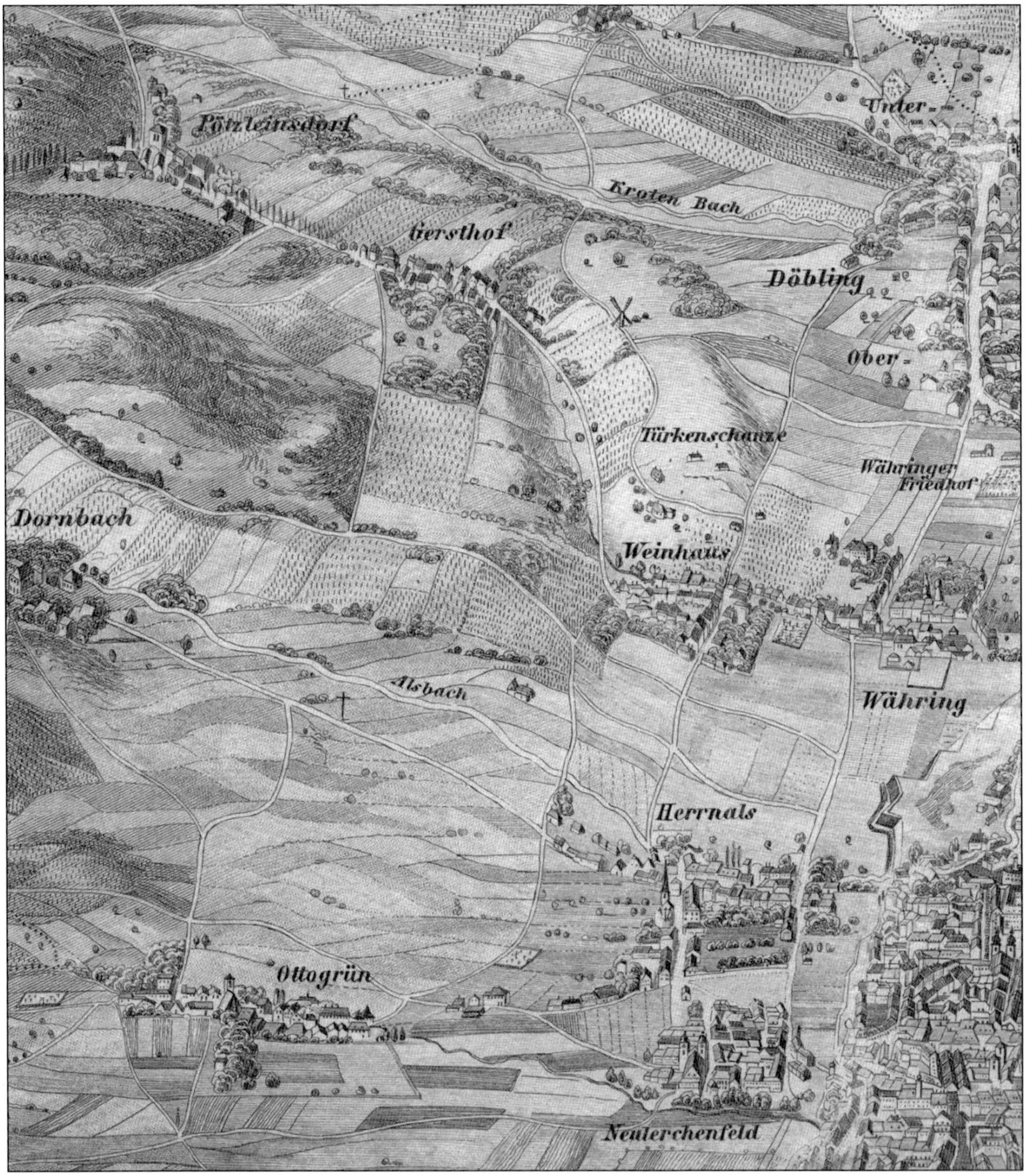


Aus der „Perspectiv-Karte des Erzherzogthums Oesterreich unter der Enns“ von Franz Schweickhardt-Sickingen, um 1840.

DIE REIHE
*Archivbilder*

# WIEN-WÄHRING

Helga Maria Wolf

SUTTON
VERLAG

Sutton Verlag GmbH
Hochheimer Straße 59
99094 Erfurt
http://www.suttonverlag.de


ISBN 3-89702-778-X

Druck: Oaklands Book Services Ltd., Stonehouse | GL, England

Ein Wahrzeichen Währings im Türkenschanzpark: Die Aussichtswarte auf der Paulinenhöhe, sie wurde 1888 eröffnet.

# Inhaltsverzeichnis

# Literatur und Bildnachweis

FRIEDRICH ACHLEITNER: *Österreichische Architektur im 20. Jahrhundert. Band III/2*, Salzburg 1995.
FELIX CZEIKE: *Historisches Lexikon Wien*, Wien 1992.
*Dehio Wien X. bis XIX. und XXI. bis XXIII. Bezirk*, Hg. Bundesdenkmalamt, Wien 1996.
CHRISTINE KLUSACEK, KURT STIMMER: *Währing. Vom Ganserlberg zum Schafberg*, Wien 1989.
HELMUT KRETSCHMER: *Wiener Bezirkskulturführer Währing*, Wien 1982.
*Währing. Ein Heimatbuch des XVIII. Wiener Gemeindebezirkes*. Hg. von der Arbeitsgemeinschaft „Währinger Heimatkunde“, Wien 1923.

(wenn nicht anders angegeben: privat (a = oberes, b = unteres Bild)
Bezirksmuseum Währing: Umschlagbild; Seite 6, 10, 11a, 12a, 13, 15a, 16a, 18, 19a, 20b, 21b, 22b, 23, 24b, 26, 28, 29b, 30, 32, 33, 34a, 36a, 37a, 40b, 41, 42, 43, 45a, 46b, 48, 49b, 50, 52a, 54a, 55, 56b, 57a, 58a, 59b, 60, 61, 62a, 63b, 64a, 68, 69b, 70b, 71b, 72, 74, 76, 77, 78, 79b, 80, 82, 83, 84, 85a, 87b, 90, 91a, 92, 93, 94, 95, 96a.

Wien Museum: Seite 4, 11b, 12b, 14, 15b, 17, 20a, 21a, 22a, 24a, 25, 27, 29a, 34b, 35, 36b, 37b, 38, 39, 40a, 44, 45b, 46a, 47a, 49a, 52b, 53, 54b, 56a, 57b, 58b, 59a, 62b, 63a, 64b, 65a, 66, 69a, 70a, 71a, 73, 75, 79a, 85b, 86, 87a, 88, 89, 91b, 96b.

Fiaker, Pferdetramway, „Elektrische“ und Stadtbahn: Bitte einsteigen zur Bilderreise durch Währing!

# Einleitung

„Der 18. Bezirk zählt zu den schönsten und beliebtesten“, lobt das im Jahre 1923 erschienene Heimatbuch die „bevorzugte Stellung“ Währings. Mit 628,50 Hektar Fläche zählt der Bezirk heute zu den kleineren. Als er ein Teil Wiens wurde, war er fast doppelt so groß. Im Laufe von mehr als 100 Jahren gingen Grenzgebiete an den Alsergrund – in der Volksoperngegend –, an Hernals – der Südteil von Gersthof –, und an Döbling – Neustift am Walde und Salmannsdorf. Damit ist auch schon seine geografische Lage charakterisiert: Der Bezirk liegt im Nordwesten Wiens, zwischen Alsergrund, Hernals und Döbling, Gürtel und Wienerwald.

Währing ist ein grüner Bezirk. Ausgedehnte Parkanlagen wie der Pötzleinsdorfer Schlosspark oder der Türkenschanzpark tragen ebenso dazu bei wie das Cottageviertel, wienerisch „die Kottähsch“ genannt. Im Jahre 1872 initiierten der Ringstraßen-Architekt Heinrich Ferstel (1828-1883), der u.a. die Votivkirche und die Universität baute, und der Kunsthistoriker Rudolf Eitelberger (1817-1885), Gründer des Österreichischen Museums für Kunst und Industrie (heute Museum für angewandte Kunst), den Wiener Cottage-Bauverein. Der Verein erwarb 1873 ein Areal am Südabhang der Türkenschanze. Schon im nächsten Jahr waren die ersten der 350 Villen bezugsfertig. Die höchstens zweistöckigen Häuser sind von Gärten und Vorgärten umgeben, die Gassen mit Alleen bepflanzt. Im Roten Wien entstanden anstelle einiger einst adeliger oder bürgerlicher Besitzungen Gemeindebauten, auch sie mit großen Höfen und Grünanlagen.

Nur etwas mehr als die Hälfte Währings entfällt auf Bauflächen (336,91 Hektar), knapp ein Drittel auf Grünflächen (189,85 Hektar), der Rest auf Verkehrsflächen (101,65 Hektar). Das Wegenetz, abhängig von den geografischen Gegebenheiten, bestimmt überall seit prähistorischen Zeiten die Siedlungsentwicklung. Im heutigen 18. Bezirk reihen sich seit dem Mittelalter vier Straßendörfer entlang des Tales des Währinger Baches aneinander: Währing mit dem Siedlungskern um die Gertrudkirche, Weinhaus in der Lacknergasse und Währinger Straße, Gersthof in der Gegend der Johann-Nepomuk-Kapelle und Pötzleinsdorf beim Schafberg.

Die Berge und der Bach beeinflussten die Bezirksentwicklung. Das Südufer des Währinger Baches war vom Höhenzug Schafberg – Mitterberg – Ganserlberg bestimmt, das Nordufer von Michaelerberg – Pötzleinsdorfer Höhe – Windmühlhöhe – Türkenschanze. „Währing besitzt auf keine 30 Meter eine vollkommen waagrechte Straße“, liest man in der alten Heimatkunde. Der Niveauunterschied zwischen Währinger Gürtel – Volksoper und Schafberg liegt bei 200 Metern, was der Höhe des Milleniumtowers entspricht.

Am Nordhang des Schafberges entspringt der Währinger Bach. Er fließt – eingewölbt seit 1874 – unter den Hauptstraßen Pötzleinsdorfer Straße, Gersthofer Straße, Gentzgasse, Währinger Straße zum Gürtel auf den Alsergrund. Dort mündet er in den Alser Bach und mit diesem in den Donaukanal. Dem Wasser verdankt Währing seinen Namen. Frühe Belege sind 1161/76 (in einer Kopie aus der Mitte des 13. Jahrhunderts) „Werich“ und „Warich“ sowie 1220 „Werich“. Nach neuesten Erkenntnissen ist der Name als Eindeutschung von slavisch „Wariki“ (kleine heiße Quelle) zu erklären. Auch eine andere Deutung aus dem Westgermanischen „Varika“ (Ableitung von indogermanisch) verweist auf Wasser bzw. Fluss.

Der Währinger Bach war keine Lebensader in dem Sinn, dass er Mühlen oder andere Gewerbebetriebe angezogen hätte. Einzig eine Gerberei und eine Brauerei siedelten sich Mitte des 19. Jahrhunderts an der Währinger Straße an. Anders als der angrenzende 17. war der 18. nie ein Fabriksbezirk. „Die vorherrschende Windrichtung von Nordwest ist der Grund, dass solche (Fabriken) wenn sie viel Rauch entwickeln, nicht erbaut werden dürfen“, hieß es vor 80 Jahren. Die Arbeitsstättenzählung 2001 ergab nur einen Großbetrieb mit mehr als 500 und sechs Betriebe mit 100 bis 499 Beschäftigten. Je rund 40 Prozent entfallen auf Betriebe mit bis zu vier Beschäftigten und Selbstständige, die allein tätig sind.

Zwischen Bach und Bergen blieb vom Mittelalter bis ins 19. Jahrhundert wenig anderer Erwerb als die Landwirtschaft, vor allem der Weinbau. Die Grundherrschaften waren vorwiegend geistliche. Klöster wie Michaelbeuern in Salzburg oder die Himmelspförtnerinnen in Wien besaßen in den Dörfern Getreidespeicher und Weinkeller. Der barocke Barnabitenfreihof, Gentzgasse 10, vermittelt die Vorstellung eines solchen Verwaltungszentrums. Weinhaus ist von einem Kellersystem durchzogen, das sich nicht an Grundstücksgrenzen hält und bei Bauarbeiten immer wieder für Überraschungen sorgt. Weinhauser Wein zählte zu den besten des Landes. Im Biedermeier waren die vier Dörfer beliebte Heurigenorte und Sommerfrischen.

Nicht nur der Romantik wegen zog es die Wiener zu den Heurigen in die Vororte. Seit 1704 erhob sich an Stelle der Gürtelstraße der Linienwall. Prinz Eugen (1663-1736) hatte die 13 Kilometer lange, je vier Meter hohe und breite Befestigungsanlage, der ein ebenso breiter, tiefer Graben vorgelagert war, errichten lassen. Der Erdwall, später mit Ziegeln befestigt, sollte vor den Kuruzzen, ungarischen Freiheitskämpfern, schützen. Neun Tore mit Ziehbrücken verbanden Vorstädte und Vororte. Hier wurden nicht nur die Passanten kontrolliert, sondern auch Steuern eingehoben, ab 1829 die Verzehrungssteuer. Sie bewirkte, dass außerhalb der Linie Lebensmittel billiger waren. Dementsprechend wurde an Ort und Stelle in zahlreichen Gast- und Vergnügungsstätten konsumiert. Die nostalgisch besungene „goldene Backhendl-Zeit“ dauerte von 1829 bis 1891, als die verhassten Verzehrungssteuerämter geschlossen wurden.

Nostalgische Lieder entstehen erst, wenn Liebgewonnenes bedroht erscheint. „Alt-Wien“ mit seinen Vorstädten und Vororten wandelte sich ab der Mitte des 19. Jahrhunderts zur Großstadt: 1857 bewilligte Kaiser Franz Joseph (1830-1916) die Schleifung der Stadtmauer, an deren Stelle die Ringstraße entstand. 1861 wurden die Vorstädte zu den Bezirken 2 bis 9. Ein Jahrzehnt später begann der Währinger Gemeinderat Dr. Leopold Florian Meißner die Diskussion um die Eingemeindung der Vororte. Er fand wenig Gegenliebe bei seinen Kollegen der anderen Gemeinden. Als der Kaiser 1888 den Türkenschanzpark eröffnete, sprach er denkwürdige Worte, die auch auf einer Tafel am Aussichtsturm festgehalten sind: „Ich wünsche herzlichst, dass mit dem Blühen und Gedeihen dieses jungen Gartens auch der erfreuliche Aufschwung der Vororte welche, sobald dies möglich sein wird, auch keine physische Grenze von der alten Mutterstadt scheiden soll, stets zunehme.“ Die Folge: Im Jahre 1890 beschloss der NÖ Landesausschuss die Eingemeindung der Vororte, der Bezirke 11 bis 19. Am 1. Jänner 1892 trat das Gesetz in Kraft, das die Fläche Wiens verdreifachte und die Einwohnerzahl sprunghaft ansteigen ließ.

Dieses Buch zeigt die Schönheiten des beliebten Wohnbezirks Währing, aber es will kein nostalgischer Abgesang sein. Es versteht sich als Reiseführer zu interessanten Punkten in der Stadtlandschaft und, wo sich diese sehr verändert haben, auch in die Geschichte. Die historischen Fotos sind in Form von Spaziergängen gruppiert. Sie laden zu Entdeckungsreisen durch die vier Dörfer ein, die den heutigen 18. Bezirk bilden.

Die Spaziergänge orientieren sich an den alten Vororten. Da ihre Grenzen heute kaum nachvollziehbar sind, kommt es zu Grenzüberschreitungen. Ausgangs- bzw. Endpunkte liegen fast immer bei Haltestellen öffentlicher Verkehrsmittel. Wegen der Entfernungen unternimmt man die Entdeckungsreisen am besten mit dem Fahrrad.

Helga Maria Wolf

# 1
# Von Michelbeuern nach Weinhaus

*Weinhaus war das kleinste der vier Dörfer, aus denen der 18. Wiener Gemeindebezirk entstand. Die Siedlung zwischen den Erhebungen Hohenwart und der Höhe gegen Hernals hatte drei Gassen: Vierziger Zeil (Lacknergasse), Zweiunddreißiger Zeil und Zwanziger Zeil (Währinger Straße ab Aumannplatz). Die erste Urkunde reicht in das Jahr 1267 zurück und hat mit dem reichen Bürgergeschlecht Weinhauser zu tun. In der Barockzeit ließ Leopold I. (1640-1705) in der Gegend des Ebner-Eschenbach-Parks für seine Söhne das „Kaiserschlössel" bauen. Weitere Besitzungen mit großen Parkanlagen waren das „Gentz-Haus" – hier verbrachte der „Sekretär Europas", Friedrich Gentz (1784-1832), mit der Tänzerin Fanny Elßler (1810-1884) seinen Lebensabend – das benachbarte Czartoryski-Schlössel mit dem „Fürstengarten" und das gegenüber liegende Doblhoffpalais, dessen Park sich bis zur späteren Vorortelinie erstreckte. Die Grundherrschaft übte das Salzburger Kloster Michaelbeuern aus, das hier vom Weinbau profitierte. Nach ihm ist die Stadtbahnstation am Gürtel benannt, der Ausgangspunkt des ersten Bilderweges.*

Unter der architektonischen Leitung von Otto Wagner (1841-1918) wurde nach jahrzehntelangen Vorplanungen von 1895 bis 1901 die Stadtbahn gebaut. Sie war für den Dampfbetrieb ausgelegt und unterstand der Staatsverwaltung. Am Eröffnungsfest der Gürtellinie beim Bahnhof Michelbeuern am 1. Juni 1898 nahm Kaiser Franz Joseph teil.

Im Anton-Baumann-Park, Währinger Gürtel / Antonigasse / Klettenhofergasse, erhebt sich der letzte der drei Wassertürme der Kaiser-Ferdinands-Wasserleitung. Die 1836 bis 1846 angelegte Leitung bestand bis 1871. Sie versorgte viele Vorstädte mit öffentlichen Auslaufbrunnen. Das Maschinenhaus befand sich in der Spittelau, anstelle des Fernheizwerks. Ein Saugkanal entnahm das Wasser dem Grundwasserstrom des Donaukanals. Anton Baumann (1848-1918) war Kaiserlicher Rat und ein Vierteljahrhundert hindurch Währinger Bezirksvorsteher.

Währinger Gürtel 1 / Ecke Jörgerstraße: Die Gürtelstraße bildet die Grenze zwischen den ehemaligen Vorstädten und den Vororten. Sie verläuft im Bereich des Linienwalls, der ab 1873 abgebrochen wurde. Die breite, mit Alleen gestaltete Verkehrsverbindung entstand in zwanzigjähriger Bauzeit. Von Anfang an fuhr die Pferdetramway entlang des Gürtels. 1895 war Baubeginn der dampfbetriebenen Stadtbahn. Die Wiental-Gürtellinie „WG“ verband Hütteldorf und Heiligenstadt. Ihr folgen heute U4 und U6.

Diese Aufnahme der Martinstraße mit der evangelischen Kirche / Ecke Schumanngasse stammt vom bekannten Dokumentar-Fotografen Josef Mutterer. Die Kirche entstand im Jahre 1861 nach dem Protestantenpatent in repräsentativen historistischen Formen mit einem 64 Meter hohen Turm.

Theodor Bach und Ludwig Schöne gestalteten die Evangelische Kaiser-Franz-Joseph-I.-Jubiläumskirche als Sichtziegelbau. Vor der Kirche wurde der Lutherhof, Martinstraße 23, als Pfarrhaus, Schule und Zinshaus errichtet, das zur Finanzierung des Kirchenbaues (1897/98) beitrug. 1945 erlitt die Lutherkirche einen Bombentreffer, in den Sechzigerjahren wurde sie modernisiert, 2004 umfassend renoviert.

Über den Johann-Nepomuk-Vogl-Platz zwischen Kreuzgasse und Antonigasse wusste das 1923 erschienene Währinger Heimatbuch nichts Gutes zu berichten: „Die Bestimmung der Plätze, als Ruhepunkt im Straßenleben zu dienen, zum Verweilen einzuladen, ist um 1870, als Währing in das Netz des Straßenrasters eingefangen wurde, vernachlässigt worden. Ein abschreckendes Beispiel ist der Joh. Nepomuk Voglplatz, der gerade als Marktplatz heute noch eine erfreulichere Ausgestaltung erhalten könnte."

Die „Bruderschaft der Allerheiligsten Dreifaltigkeit“ zur Pflege armer und unheilbar kranker Menschen fiel den Josephinischen Reformen zum Opfer. Ende des 19. Jahrhunderts gründete sie der Druckereibesitzer und Armenrat Franz Eipeldauer wieder. 1873 wurde ein Grundstück in der Vinzenzgasse 2-6 / Antonigasse 66-70 / Mitterberggasse 1-7 / Kreuzgasse 55 günstig von den benachbarten Lazaristen erworben. Zwei Jahre später zogen die ersten 22 Pfleglinge in das Haus der Barmherzigkeit ein.

Kreuzgasse 62 / Vinzenzgasse 3 errichtete Dombaumeister Friedrich Schmidt (1825-1891) die Lazaristenkirche, die 1878 geweiht wurde. Sie war die zweite Ordenskirche der Lazaristen in Wien. Die 1625 vom heiligen Vinzenz von Paul in Paris gegründete „Kongregation der Mission“ kam 1853 nach Österreich. Deshalb regte Erzbischof Kardinal Othmar Rauscher an, das Gotteshaus dem „Apostel Noricums“, Sankt Severin (gest. 482), zu weihen. 1945 zerstörten Fliegerbomben das Pfarrhaus und Teile der Kirche, bis 1950 wurde sie nach den alten Plänen wieder aufgebaut und 2004 restauriert.

Kreuzgasse 87-89 / Händelgasse / Antonigasse entstand der Pfannenstielhof mit zehn Stiegen. Die monumentale Anlage bildet den Abschluss gegen die Straßenbahnschleife der Linie 42 und die Gründerzeitverbauung. In der Chamissogasse verbindet sie mit einer Durchfahrt Kreuzgasse und Antonigasse. Darüber befindet sich als figuraler Fries eine Kupfertreibarbeit von Angela Stadtherr.

Architekt Erich Leischner (1887-1970) brachte im Pfannenstielhof in der ersten Bauphase (1924) 177 Wohnungen unter, im Ausbau bis 1926 folgten 209 Wohnungen. Leischner war Senatsrat im Stadtbauamt. In dieser Funktion plante er mehrere große Gemeindebauten. Der Bau ist nach dem sozialistischen Freiheitskämpfer Franz Pfannenstiel (1902-1944) benannt.

In der Gegend der Kreuzgasse 78 erstreckte sich der Park des Czartoryski-Schlössels mit seinen alten Bäumen. Ihnen verdankt der Lindenhof an der Ecke Kreuzgasse 78-80 / Paulinengasse 9 / Simonygasse 2a seinen Namen. Neben einer mächtigen Linde wurden zahlreiche neue gepflanzt, in der Kreuzgasse besteht eine Lindenallee. Architekt war der Otto-Wagner-Schüler Stadtbaumeister Karl Ehn (1884-1957), dessen bekanntestes Werk der Karl-Marx-Hof in Döbling ist.

1924/25 schuf Karl Ehn auf der 250 Meter langen, ansteigenden Parzelle eine Anlage mit drei Terrassen. Die Schwellen gestaltete er durch frei stehende Einbauten wie Kindergarten und Hort, Stufen und Pergolen. In dem 24 Stiegen umfassenden Gemeindebau brachte er 320 Wohnungen sowie Geschäftslokale und Werkstätten unter. Die Fassaden sind durch Loggien gegliedert, die Ecken erhielten Dekorationen aus Keramik.

Lacknergasse 96 / Staudgasse 80a erbaute die Gemeinde Wien 1923 eines ihrer ersten Volkswohnhäuser mit 36 Wohnungen. Architekt Josef Bittner (1879-1945) gestaltete es in neoklassizistischen Formen. Von Bittner, später Leiter der Architekturabteilung, stammt auch das Gebäude der Stadtgartendirekton im Stadtpark.

Lacknergasse 98 baute Josef Plecnik (1881-1957) 1907 eine Kinderschutzstation als frühen Stahlbetonbau. Im Gegensatz zur repräsentativ gestalteten Straßenfassade – mit secessionistisch-antikisierend gemaltem Friesdekor – verweist die Gartenhofseite in Richtung Neue Sachlichkeit. 2000 wurde das Haus Sankt Josef der Caritas umgewidmet. Es ist seither ein Haus für unbetreutes Wohnen und enthält ein Tageszentrum mit Beratungsstelle.

Die Gegend um Lacknergasse 98 gilt als Ursprung von Weinhaus. Hier stand das Michaelbeurische Leutgebhaus, das dem Vorort den Namen gegeben haben soll. 1700 ließ Kaiser Leopold I. für seine Söhne ein Schlösschen erbauen. 18 Jahre später erwarb Matthias Lackner die Liegenschaft, die teilweise auf Währinger Grund liegt. 1823 kaufte sie, vermehrt um angrenzende Häuser, Erzherzog Maximilian d'Este (1782-1863), Deutschordensritter und Förderer konservativer religiöser Gemeinschaften.

Maximilian d'Este pflegte Kontakte zum Wiener Romantikerkreis um Klemens Maria Hofbauer (1751-1820) und stellte dessen Orden das Kaiserschlössel zur Verfügung. Als die Redemptoristen nach der Revolution 1848 aus Wien vertrieben wurden, ließ der Erzherzog die Stiftung löschen. Er verkaufte den Besitz zwei Jahre später an die Wirtin Josefa Dorfmayer. Sie richtete ihn als Gartenlokal „Zum Klosterhof" ein. Ab 1868 bestand hier dann die NÖ Zwangsarbeitsanstalt. 1895 erwarb die Gemeinde Wien das Areal.

Mit dem so genannten Malfattihaus, Lacknergasse 79, verbindet sich die Erinnerung an Ludwig van Beethoven (1770-1827). Er schrieb zu Ehren des Hausherrn, seines Arztes Dr. Johann Malfatti, die Kantate „Un lieto brindisi". Als sie zu dessen Namenstag im Juni 1814 aufgeführt wurde, soll der Komponist den Klavierpart übernommen haben.

Beim Umbau im Rahmen der Wohnbauförderung 1984 wurden die Häuser Nummer 79 und 81 entkernt und hinter einer gemeinsamen Fassade, die an die beiden historischen erinnert, Eigentumswohnungen untergebracht. Im Garten entstand ein weiterer Trakt, die Weinkeller wurden zu Garagen. Eine Gedenktafel erinnert an Josef Loschmidt (1821-1895), Pionier der Atomistik, Chemiker und Physiker, der hier von 1890 bis 1895 wohnte.

Die Besitzer des Hauses Lacknergasse 83 lassen sich seit 1540 kontinuierlich nachweisen. Bei der Restaurierung in den 1990er-Jahren wurden entsprechend alte Bauteile festgestellt. Bemerkenswert sind auch der Keller und der 34 Meter tiefe, mit Ziegeln ausgemauerte, Wasser führende Brunnen. Ein Teil des Gebäudes dient seit 2002 als KULTURaum für Veranstaltungen.

Ein rundes Jahrhundert war das Haus Lacknergasse 83 im Besitz der Familie Flicker. Franz Flicker betrieb ein Großfuhrwerksunternehmen mit dutzenden Pferden. Für ihre Stallungen baute er den ehemaligen Tanzsaal des Gasthofes „Zum roten Löwen" um, auch im Keller waren die Tiere untergebracht. Die Firma, die mit mehrspännigen Fuhrwerken gewerbliche Gütertransporte und Schwertransporte durchführte, bestand bis 1919.

Seit 1760 erhob sich in der Währinger Straße 169-171 ein Wohnhaus und Wirtschaftsgebäude, in dem Sommerquartiere vermietet wurden. Prominentester Gast war ab 1815 Friedrich Gentz (1764-1832), als Protokollführer beim Wiener Kongress „Sekretär Europas“ genannt. Zwei Jahrzehnte hindurch war der aus Breslau Gebürtige der engste Mitarbeiter des Staatskanzlers Clemens Metternich (1813-1859), der dann wegen Korruptionsvorwürfen auf dessen Dienste verzichtete.

1819 ließ Gentz durch einen Strohmann den Währinger Besitz kaufen. Mit Fanny Elßler, der beliebtesten Tänzerin des Biedermeier, verbrachte er dort seine letzten Lebensjahre. Der Staatsmann war ein begeisterter Gärtner, er zog Tulpen in Glashäusern. 1894 wurde einer der ältesten Verkehrswege Währings, die Herrengasse, nach Friedrich Gentz benannt.

Seit 1919 war die Gemeinde Wien im Besitz des Areals Währinger Straße 169-171 / Paulinengasse 25 und errichtete darauf den Toeplerhof. Rosa Toepler, Eigentümerin seit 1886, vermachte es der Stadt Wien. 1927 entstand der Gemeindebau mit 69 Wohnungen auf sechs Stiegen.

Der Otto-Wagner-Schüler Konstantin Peller (1887-1969) gestaltete den Toeplerhof mit Balkonen, Loggien und Putzornamenten, die Treppenhäuser mit kunsthandhandwerklichen Details. Die Anlage verrät ihre Geschichte: Gartenteile auf Terrassen lassen das ausgedehnte Kellersystem und frühere Mauern ahnen.

Das Czartoryski-Schlössel, Währinger Straße 175-181, ist nach seinem letzten Besitzer benannt. Fürst Konstantin Czartoryski (1773-1860), einer der reichsten Männer Galiziens, kaufte es 1831 vom englischen Botschafter Sir Henry Wellesley. Bauherr war 1807 der Bankier Jakob van der Null. Das Schlösschen bestand aus einem Mittelteil und zwei Seitenflügeln, zwei Dienstbotenhäusern, einem Presshaus und einem geräumigen Keller, der bis Mitte des 20. Jahrhunderts als Weinlager diente.

Georg Czartoryski richtete im Schlössel eine Kunstsammlung ein. Das Museum fand aber kaum Besucher und er verkaufte das Anwesen in Weinhaus 1912 der Gemeinde Wien, die hier in der Zwischenkriegszeit ein Kinderheim und 1923 das „Währinger Volksheim" einrichtete. In der NS-Zeit diente es als Luftschutzkaserne. Nach einer Brandlegung war es 1945 schwer beschädigt. Dann verwendete die KPÖ das Schlössel. Als es 1955 in den Besitz der Gemeinde Wien zurückkam, glich es einer Ruine.

Ein beliebtes Motiv für Maler und Fotografen war der Blick vom Ende der Währinger Straße – mit 202 Nummern eine der längsten Wiens – auf das Czartoryski-Schlössel (rechts) und das Doblhoff-Palais (links).

Der selbe Blick eine Generation später: Das Czartoryski-Schlössel steht noch, den Platz des Doblhoff-Palais nimmt ein großer Gemeindebau ein.

Das Doblhoff-Palais, Währinger Straße 194, wurde um 1820 in einem weitläufigen Park – dem so genannte Schwabgarten – erbaut, der bis zur späteren Vorortelinie reichte. Stadteinwärts schlossen im 19. Jahrhundert der alte Pfarrhof und die erste Weinhauser Schule an.

Von 1787 bis in die 1830er-Jahre gehörte das Doblhoff-Palais der Familie Schwab, die mit dem gegenüber liegenden Czartoryski-Schlössel verbunden war. Ignaz Schwab (1750-1812) wurde von Joseph II. (1741-1790) wegen seiner Verdienste um die Baumwollindustrie geadelt. Zwei Jahre später kaufte er das Weinhauser Anwesen. Mitglieder der Familie Doblhoff waren die letzten privaten Besitzer.

Der Gemeindebau Währinger Straße 188-190 / Weinhauser Gasse 4-6 / Innozenz-Lang-Gasse 1 ist ein Werk des Architekten Michael Rosenauer (1884-1971). Er brachte hier 258 Wohnungen und einige Geschäftslokale unter, u.a. eine Verkaufsstelle der Konsumgenossenschaft.

Wie sich die alten Parzellen von der höher gelegenen Währinger Straße zum Tal des Währinger Baches erstreckten, folgt die Anlage des Gemeindebaus dem Terrain zur tiefer liegenden Gentzgasse.

Dombaumeister Friedrich Schmidt plante die Weinhauser Pfarrkirche, Gentzgasse 142. Bei ihrem Eingang kündet eine Tafel: „Diese Kirche wurde erbaut zu Ehren des hl. Joseph, des Nährvaters Jesu Christi, des Schutz-Patrons der hl. Kirche und des Hauses Österreich; zum Andenken an die glorreiche Befreiung Wiens … aus der Türkennoth i.J. 1683." 2004 wurde die Kirche renoviert. Hinter der Kirche führt der Rosenkranzweg mit 15 Bildsäulen auf die Türkenschanze.

Die Fronleichnamsprozession ist traditionell nicht nur ein religiöses, sondern auch ein gesellschaftliches Ereignis. In Weinhaus begleiteten Uniformierte und „Bräute" den Geistlichen, der das Allerheiligste unter einem Baldachin durch die Straßen trug.

Die Köhlergasse entstand Ende des 19. Jahrhundert südlich des Sternwarteparks. An ihrem Beginn (Nummer 1-3) Ecke Währinger Straße 176-180 errichteten Paul Fischel und Heinz Siller 1929/30 neben spätgründerzeitlichen und sezessionistischen Häusern einen Gemeindebau mit 35 Wohnungen. Die zwei Stiegen umfassende, modern wirkende Anlage zeigt Einflüsse der Neuen Sachlichkeit.

1922 wurde die Mietzinsabgabe, 1923 die ertragreichere Wohnbausteuer zweckgebunden zur Errichtung von Neubauten eingeführt. Bis zum Ende dieser Aktion 1933 entstanden in Währing 1.300 Gemeindewohnungen. Die Wohnungsreform des „Roten Wien" verwirklichte die Ideale von Licht, Luft und Sonne. Balkone, Erker und Terrassen erhöhten die Wohnqualität.

Im Jahre 1906 errichtete Hans Hofer für die Unterstützungssozietät der k.k. Polizeibeamten Schulgasse 88 / Klostergasse 31-33 ein Amtsgebäude. Es beinhaltete das Bezirkspolizeikommissariat Währing und die Steueradministration für den 18. und 19. Bezirk. Charakteristisch für den bemerkenswerten sezessionistischen Bau der Otto-Wagner-Schule sind die abgerundete Ecke und die grüne Verfliesung der Fassade im Obergeschoss.

Postkarten wie diese, mit einer Ansicht der Plenergasse / Ecke Vinzenzgasse stadteinwärts, wurden Ende des 19. Jahrhundert gerne von neu Zugezogenen verschickt. Oft sind bestimmte Häuser angekreuzt und mit dem Vermerk versehen, dass man hier nun wohne. Die Plenergasse verläuft in Höhe Aumannplatz und Schubertpark parallel zur Schulgasse. Ignaz Edler von Plener (1810-1908) war als Handelsminister und Mitglied des Herrenhauses ein bekannter Staatsmann seiner Zeit.

Das kleine Volkswohnhaus Schopenhauerstraße 86 entwarf Hans Pfann (1890-1973) im Jahre 1925. Der Architekt, Schwiegersohn des Sezessionisten Friedrich Ohmann, war Professor für Baugeschichte an der Technischen Hochschule. Pfann fügte das Haus mit 16 Wohnungen dezent in die Jugendstil-Umgebung ein, nur die breiten Fenster mit den waagrechten Sprossen verraten den Gemeindebau.

Die Schopenhauerstraße – das Bild zeigt die Kreuzung mit der Semperstraße stadtauswärts – beginnt beim Währinger Gürtel und verläuft bis zum Ebner-Eschenbach-Park parallel zu Schulgasse und Staudgasse. Die Schopenhauerstraße hieß bis 1894 Wiener Straße. Dann wurde sie nach dem deutschen Philosophen Arthur Schopenhauer (1788-1860) benannt.

Blick von der Hans-Sachs-Gasse in die Staudgasse stadtauswärts. Diese lange Gasse beginnt fast beim Währinger Gürtel und führt bis zur Paulinengasse. Sie hieß ebenso wie die Lacknergasse Johannesgasse. Seit 1894 ist sie nach Josef Staud benannt, der von 1772 bis 1808 Währinger Pfarrer war und ein Armenhaus in der Martinstraße 92 stiftete.

Das Foto aus dem Jahre 1882 zeigt die Kreuzung Kutschkergasse und Kreuzgasse nächst der später errichteten Stadtbahnstation Michelbeuern. Die Straßen waren noch nicht befestigt. Im Geschäftslokal des Eckhauses wurden Mehl und Hülsenfrüchte verkauft.

# 2

# Währing – Jenseits der Volksoper

*Währing, ein Straßendorf am rechten Bachufer, war der bedeutendste der Vororte, die den 18. Bezirk bilden. Er gab ihm auch den Namen. Der mittelalterliche Siedlungskern lag im Bereich des Gertrudplatzes mit Kapelle und Freihof. In der Barockzeit bedeutete der Bau des Linienwalls eine Zäsur. Die stadtnäheren Teile, u.a. die Gegend der Volksoper, fielen dem Alsergrund zu. Eineinhalb Jahrhunderte durfte das Vorfeld der Befestigungsanlage nicht verbaut werden. Nach der Mitte des 19. Jahrhunderts stieg die Bautätigkeit rapid an. Voraussetzungen waren u.a. die Aufhebung des Bauverbots im „fortifikatorischen Rayon“ und die Einwölbung des Währinger Baches 1874. Seit 1875 gab es Hochquellenwasser in den Häusern, seit 1882 fuhr die Pferdetramway nach Währing. Die Stadtnähe begünstigte die Ansiedlung von Bürgern und Beamten. Die Bewohner wussten die modernen Verkehrsmittel zu schätzen, die sie zu ihren Arbeitsstätten in die Stadt brachten. Bei der Station Währinger Straße / Volksoper beginnt der zweite Spaziergang.*

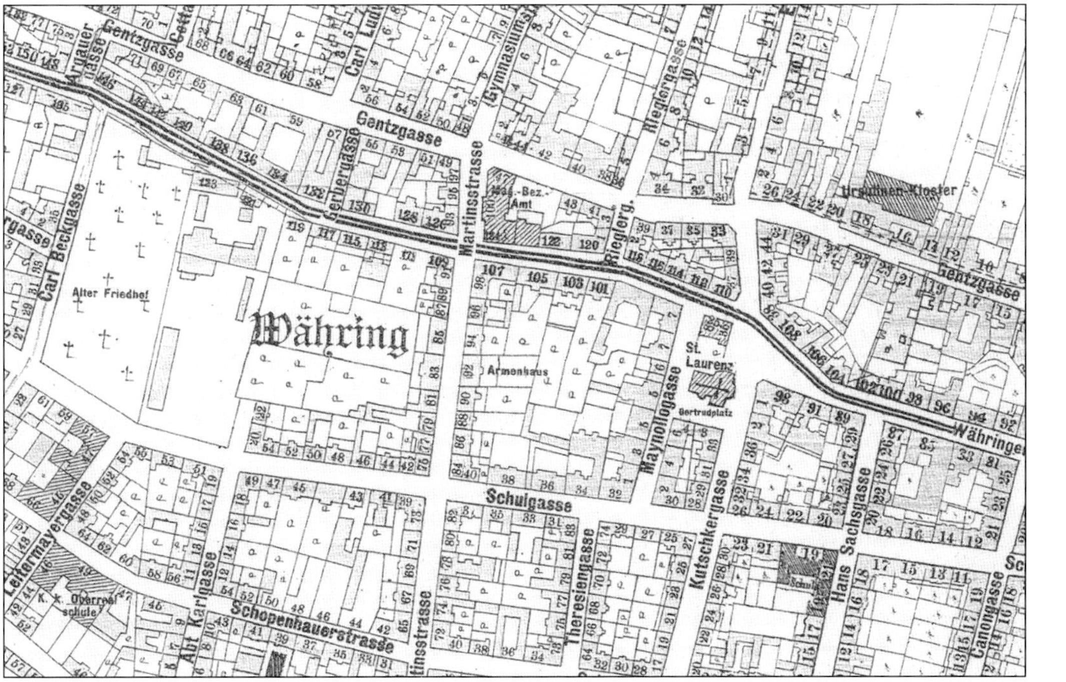

Die Bauzeit des Kaiser-Jubiläums-Stadttheaters betrug nur zehn Monate. Nach der Beschriftung wurde dieses Foto am 14. Juni 1898, auf den Tag genau ein halbes Jahr vor der Eröffnung, angefertigt. Der Herr rechts ist mit „Wolff“ bezeichnet. Franz Wolff schrieb das Festspiel „An der Währinger Linie“.

Die Volksoper, Währinger Straße 78, ist eine gebürtige Währingerin. Nach der Grenzänderung 1905 hat sie der Alsergrund „adoptiert“. Währinger christlichsoziale Kreise wollten in ihrem Bezirk das deutsche Schauspiel pflegen. Ihre Bemühungen hatten Erfolg. Franz Krauß und Alexander Graf errichteten das Kaiser-Jubiläums-Stadttheater mit 1.857 Plätzen. Zur Eröffnung spielte man Kleists „Hermannsschlacht“ und „An der Währinger Linie“.

Seit Anfang 1902 fuhren die Straßenbahnen beim Währinger Gürtel elektrisch. Die Signalbilder – für die Linie nach Gersthof ein weißes Kreuz auf rotem Grund – übernahmen sie von der Pferdetramway und behielten sie bis 1907.

Die Käse- und Butterhandlung Franz Schwengler, Währinger Straße 79, bestand seit 1898. Im Ersten Weltkrieg waren die Kunden die ganze Nacht hindurch in langen Warteschlangen angestellt, um am nächsten Morgen einige Dekagramm Butter zu erhalten.

Johann Strašiřipka (1829-1885) wurde unter dem Pseudonym Hans Canon einer der berühmtesten Maler der Ringstraßenzeit. Er schuf Portraits und Monumentalbilder für Prunkbauten wie Universität und Naturhistorisches Museum. Am zwei Jahre nach seinem Tod errichteten Neubau seines Wohnhauses Währinger Straße 81-83 erinnert eine Büste an den Künstler. Die anschließende Gasse wurde 1894 nach Hans Canon benannt.

Die ansteigende Kutschkergasse, Mitte des 19. Jahrhundert angelegt, hieß Kirchengasse nach der Gertrudkirche, in deren Nähe sie beginnt. 1894 erhielt sie die Bezeichnung nach dem Wiener Erzbischof Johann Baptist Kutschker (1810-1881). Der Theologe und Jurist war am Zustandekommen des Konkordats beteiligt. In Währing weihte er 1878 die Lazaristenkirche. Der Kutschkermarkt erfreut sich auch heute über die Bezirksgrenzen hinaus großer Beliebtheit.

Schon im 13. Jahrhundert gab es eine der heiligen Gertrud geweihte Kapelle, um 1365 wurde sie zur Kirche erweitert. Bei der Pfarrgründung um 1400 kam St. Laurentius als Patron dazu. 1753 baute Matthias Gerl (1712-1765) die Kirche, die 1858 einen neuen Turm erhielt. 1934 entwarf Karl Holey (1879-1955) einen modernen Zubau anstelle des alten Pfarrhofes am Gertrudplatz. So wurde die Barockkirche zum Querschiff. 2002 führte Dr. Walter Hildebrandt einen weiteren Umbau durch.

Der Hochaltar der barocken Gertrudkirche ist ein stuckmarmorner Aufbau, vom Auge Gottes bekrönt und von Engelsfiguren flankiert. Das Bild zeigt den zweiten Kirchenpatron, St. Laurentius. Peter Strudel (1660-1714) malte es 1695 für die Augustinerinnen-Klosterkirche auf dem Fleischmarkt. Nach deren Auflösung erhielt es die Pfarre Schottenfeld, von der es Währing kaufte.

Das Geschäft des Fleischselchers Johann Hermann befand sich Schulgasse 40 / Martinstraße 84.

Währing hat fünf neogotische Gotteshäuser. Die Kapelle der Kongregation der Helferinnen der Seelen im Fegefeuer steht versteckt im Hof Martinstraße 81. Die Muttergotteskirche wurde 1907 geweiht. Sie ist ein Werk des Liechtensteinschen Hofarchitekten Gustav Neumann (1859-1928), der den Regierungspalast in Vaduz und in Wien u.a. die Canisiuskirche baute. Das historistische Kloster der Gemeinschaft, die seit 1897 in Währing tätig ist, wurde in den 1980er-Jahren durch ein Wohnhaus ersetzt.

An der markanten Abzweigung Weimarer Straße 6 / Abt-Karl-Gasse 25 bildet ein Jugendstilhaus den Blickpunkt. Auf der Währingerstraße verkehrte um 1900 die Pferdetramway bis zur Kreuzgasse, wo sich die Remise mit Stallungen befand. 1873 errichtet, wurde sie um die Jahrtausendwende unter teilweiser Erhaltung in gemischter Nutzung überbaut.

1929 schuf Konstantin Peller, der zuvor in Währing den Toeplerhof geplant hatte, für das Stadtbauamt den Wohnbau Weimarer Straße 8-10. Peller war ein Schüler Otto Wagners. Der Gemeindebau umfasst 59 Wohnungen und eine städtische Bücherei. Elemente experimenteller Ziegelarchitektur prägen die Fassade.

Karl Dirnhuber (1889-1939) errichtete 1924/25 den Gemeindebau Weimarer Straße 1-3 mit 23 Wohnungen. Es erwies sich als Glücksfall der Stadtplanung, dass er gleichzeitig den Schubertpark gestaltete. Der „markante, gelöst schwingende Kopfbau", urteilte Friedrich Achleitner, „gehört sicher zu den beispielhaften Lösungen einer einprägsamen, aus einem besonderen Ort entwickelten Stadtkorrektur".

Der Schubertpark, Währinger Straße nach 123 / Teschnergasse / Schulgasse befindet sich an Stelle des Währinger Ortsfriedhofs. Der biedermeierlich anmutende Gottesacker wurde 1769 eröffnet, in den 1820er- und 1830er-Jahren umgebaut und 1873 aufgelassen. Bis dahin zählte man 20.000 Beerdigungen. 1912 kaufte die Gemeinde Wien das Areal. Das barocke Sandstein-Kruzifix (Grabkreuz der Familie Schwab) kam 1785 vom Landstraßer Nikolai-Friedhof nach Währing.

Franz Schubert (1797-1828) ist der einzige Vertreter der Wiener Klassik, der in dieser Stadt geboren wurde. Als Sohn eines Lehrers aus dem Himmelpfortgrund, Wien 9, arbeitete er zunächst als Schulgehilfe. Ab 1818 war er freischaffender Komponist. Wunschgemäß begrub man ihn in Beethovens Nähe. Das Grabdenkmal wurde nach einem Plan seines Freundes Franz Schober gestaltet, Franz Grillparzer verfasste die Inschrift. 1888 erhielt Schubert ein Ehrengrab auf dem Zentralfriedhof. Das Monument in Währing blieb als Gedenkstätte erhalten.

1924 begann die Gemeinde Wien mit der Umgestaltung des Währinger Ortsfriedhofs. Der preisgekrönte Entwurf des Architekten Karl Dirnhuber schonte die alten Gehölze und Gebäude. Für den Denkmalhain und einen Jugendspielplatz schuf er getrennte Bereiche. Dabei erwies sich als großer Vorteil, dass Dirnhuber gleichzeitig den angrenzenden Gemeindebau Weimarer Straße 1-3 plante. 1925 übergab Bürgermeister Karl Seitz (1869-1950) den neuen Park seiner Bestimmung.

Der an den Schubertpark anschließende Cottagehof, Währinger Straße 125 / Teschnergasse 37, 39 und 41 besteht aus vier Häusern mit repräsentativen Jugendstilfassaden. Er wurde 1902/03 für Paul Dumont von Architekt Hans Dworak gebaut. Ein Teil in der Teschnergasse zeigt nach der Restaurierung 2004 eine noble Farbgebung: weisser Putz, dunkelblaues Schmiedeeisen und Goldornamente.

Nach der Ausschaltung des Parlaments im März 1933 wurde der traditionelle Maiaufmarsch der Sozialdemokratischen Partei verboten. Dementsprechend ist das Foto aus den Sammlungen des Bezirksmuseums Währing beschriftet: „Letzter Maiaufmarsch 1932, Schubertpark".

Währinger Straße 129 war das Wohnhaus des Arztes und Tiefenpsychologen Alfred Adler (1870-1937). Er begründete die therapeutische Schule der Individualpsychologie. Diese sieht die Ursache von Neurosen im Versuch, Minderwertigkeitsgefühle zu kompensieren. Alfred Adler, der 1920 seine Theorien publizierte, gründete in Wien 30 Beratungsstellen. Seit 1926 Gastprofessor in den USA, beeinflusste er auch dort das Erziehungssystem.

Das Foto des alten Hauses Währinger Straße 133 trägt die Aufschrift „Ruhrhoferhaus, 1827 erbaut, Umbau 1901". Die aus dem Rheinland eingewanderte Familie Ruhrhofer war seit langem in Währing ansässig. Sie beschäftigte sich mit dem Weinbau, im Haus befand sich der Gasthof „Zum Hirschen". Nach dem Grundeigentümer und Wirtschaftbesitzer Karl Ruhrhofer (1824-1889) ist in Gersthof eine Gasse benannt.

Im reichen Fundus des Bezirksmuseums Währing befinden sich Albumblätter mit Fotos von Gewerbetreibenden, wie des Fleischhauers Karl Vogel, Währinger Straße 137.

Das Gabmeyerhaus Währinger Straße 164 (Aumannplatz) war von 1877 bis zur Jahrhundertwende im Familienbesitz. Darin befanden sich eine Fleischhauerei und eine Milchmeierei. Milchmeier waren Abmelkbetriebe in Stadtnähe. Zur Zeit der Eingemeindung gab es in Währing mehr als 1.000 Kühe, 1938 noch 300.

Der Aumannplatz liegt im Bereich Währinger Straße, Gentzgasse, Lazaristengasse, Türkenschanzstraße, Kloster- und Vinzenzgasse. Die Nordseite bildet das St.-Carolus-Altersheim – früher „Greisenasyl" genannt – mit einem großen Park Richtung Türkenschanze. Die Borromäerinnen, Kongregation der Barmherzigen Schwestern vom heiligen Karl Borromäus, erwarben zwischen 1879 und 1908 Grundstücke für ein Seniorenheim.

Der Aumannplatz entstand um 1900 mit repräsentativen Bauten und einer Parkanlage, die den Namen Norbert-Liebermann-Park trägt. An den Versicherungsdirektor Norbert Liebermann (1881-1959) erinnert ein Gedenkstein. Ignaz Aumann (1810-1896) war seit 1884 Pfarrer von Währing, um das er sich sehr verdient gemacht hat.

Der Gemeindebau Gentzgasse 79 mit 22 Wohnungen entstand 1926/27. Der Entwurf stammt vom evangelischen Kirchenarchitekten Ludwig Schöne (1845-1935). Er gestaltete die schlichte Anlage mit einem Mansardengiebel und Dekorbändern in expressionistischen Formen. Vier Medaillons an der Fassade zeigen Vögel und Häuser.

Argauergasse 3 ist das Geburtshaus des Komponisten Ernst Krenek (1900-1991). Er schrieb 1926 die Oper „Orpheus und Euridyke", zu der Oskar Kokoschka (1886-1980) das Libretto verfasste. 1927 brachte ihm die Jazzoper „Jonny spielt auf" finanzielle Unabhängigkeit. Ein Jahrzehnt lebte Krenek als Komponist und Musikschriftsteller in Wien. In die USA emigriert, lehrte er in Minnesota, Chicago und Hollywood. In der Autobiografie „Im Atem der Zeit" schildert er das Währing seiner Kindheit.

Der „luckerte Stein“ ist eine Säule mit einem dezimetergroßen Loch und der Jahreszahl 1637. Er markierte an der Straße nach Währing die Grenze des Wiener Burgfriedens. Später stellte ihn der Grundbesitzer Josef Schneider in sein Haus Schulgasse 44. Nach dessen Demolierung versetzte man den Stein in den Garten des Hauses Gentzgasse 72. Am 17. Oktober 1937 feierten dort Ehrengäste und Couleurstudenten das 300-Jahr-Jubiläum des „ältesten erhaltenen Denkmals des Gerichtswesens im einstmaligen Dorfe Währing.“

Die Eisengussplatte mit einer Madonna befand sich im Brauhaus. Die Brauerei war der größte Betrieb Währings. Das Betriebsgelände umfasste den Bereich Schulgasse 56-58a, Abt-Karl-Gasse 21-25, Weimarer Straße 1-27 und 2-6, Währinger Straße 121-123 und 134-138, Gentzgasse 58-62 und 59-63, Hofstattgasse 1-5 und 2-10, Cottagegasse 8-14 und Haizingergasse 23-33. Die Währinger Brauerei bestand zwischen 1840 und 1907. Allein im Jahre 1884 erzeugte sie mehr als 68.000 Hektoliter Bier.

Das Foto zeigt die Situation an der Kreuzung Gentzgasse 46 / Gymnasiumstraße 1 vor 1912. In diesem Jahr begann der Bau des monumentalen Hauses in sezessionistischen Formen, das heute die Ecke dominiert.

Das repräsentative Währinger Rathaus, Martinstraße 100 / Währinger Straße 124 entstand 1890/91, knapp vor der Eingemeindung. Moritz und Karl Hinträger entwarfen den monumentalen Eckbau in Formen der deutschen Renaissance mit einem hohen Turmaufbau mit Spitzhelm und Laterne. Im Haus der Bezirksvorstehung befindet sich auch das Bezirksmuseum. Es besteht seit 1952 und wurde 2004 neu gestaltet.

Gentzgasse 45 plante Sigmund Katz 1926 ein Haus mit 30 Volkswohnungen. Die Mitte des sechsgeschossigen Baues betonte der Architekt mit zwei Spitzgiebeln.

Das Haus Gentzgasse 31 / Kutschkergasse 44 trägt eine Gedenktafel für Franz Schubert aus dem Jahre 1885. Dass er hier sein „Ständchen“ komponiert hat, ist eher eine romantische Anekdote. Allerdings besuchte er mit seinem Freundeskreis, den Schubertianern, mehrmals das Gasthaus „Biersack“, eines der ältesten Währinger Wirtshäuser.

Die Bezeichnung „Weibel“ für Gerichtsdiener findet sich schon im Mittelhochdeutschen. Der Währinger „Dorfwaibel“, so die Beschriftung, zeigte sich – wohl im Fasching – als Austrommler in der Gentzgasse 28.

1857 hatte der Konvent der Ursulinen das Anwesen Gentzgasse 18 gekauft. 1859 eröffneten sie eine Volks- und Hauptschule mit Internat. Eine Postkarte aus einer Serie zeigt die „Allee im Pensionate St. Ursula“ und war als „Baustein für die St. Angela Kirche“ gedacht. Die Ordensgründerin Angela Merici (1474-1540) wurde 1807 heilig gesprochen. 1960 verkauften die Schwestern das Kloster und übersiedelten mit dem Schulzentrum nach Wien-Mauer.

Diese „Kleopatra“ ziert, gemeinsam mit der Statue einer Tänzerin, das Gartenhaus in der Gentzgasse 12. Von den Nachbargrundstücken sind die lebensgroßen Figuren gut sichtbar.

Mitte des 16. Jahrhunderts wurden die Barnabiten in Italien als Reform- und Missionsorden gegründet. Im Zuge der gegenreformatorischen Bestrebungen berief sie Ferdinand II. (1578-1637) 1625 nach Wien und übergab ihnen die Michaelerkirche in der Innenstadt. Damit ging auch deren Grundherrschaft in Währing auf die Barnabiten über. Verwaltungszentrum und Amtssitz der Patrimonialgerichtsbarkeit war das Freihaus in der Gentzgasse 10.

Die hufeisenförmige Anlage des Barnabitenfreihofs entstand in der Barockzeit unter Verwendung älterer Bauteile. Die Hauskapelle befand sich im rechten Trakt. Ein barockes Gartenhaus hat sich ebenfalls erhalten.

Im linken Trakt liegt, etwas unter dem Straßenniveau, ein Gartensaal aus dem ausgehenden 17. Jahrhundert mit reichen Stuckdekorationen. Später diente die „Grotte" als Magazin. In den 1980er-Jahren revitalisierte Architekt Alois Machatschek das Gebäude. Es wurde von der protestantischen Kirche Schwedens übernommen, die im Gartensaal ihren Gottesdienstraum einrichtete.

# 3
# Durch das Währinger Cottageviertel

*Cottage – das englische Wort für Bauernhaus – bezeichnet in Währing ein Nobelviertel in der Nähe des Türkenschanzparks. In der Hochgründerzeit, in der die spekulative Bautätigkeit angeheizt durch die Euphorie des Weltausstellungsjahres 1873 einen Höhepunkt erreichte, suchte der Wiener Cottage-Verein nach Alternativen. Einfamilienhäuser mit Gärten sollten mehr Lebensqualität bieten als Mietwohnungen in den massenhaft entstehenden „Zinskasernen". Nach dem Tod des Initiators Architekt Heinrich Ferstel übernahm Dombaumeister Friedrich Schmidt die Leitung des Cottage-Vereins. Die Mitglieder engagierten sich auch für die Anlage des Türkenschanzparks, die in zwei Etappen (1885-1888) und nach 1908 erfolgte. Wo sich zuvor staatliche Anlagen und Sandgruben befanden, entstand ein kultivierter Landschaftsgarten. Nördlich davon baute man die Universität für Bodenkultur (1896), südlich die Universitätssternwarte (1874-1879). Schließlich verwandelte sich 1923 im Osten der Allgemeine Friedhof in den Währingerpark. Hier beginnt der dritte Spaziergang durch Währing.*

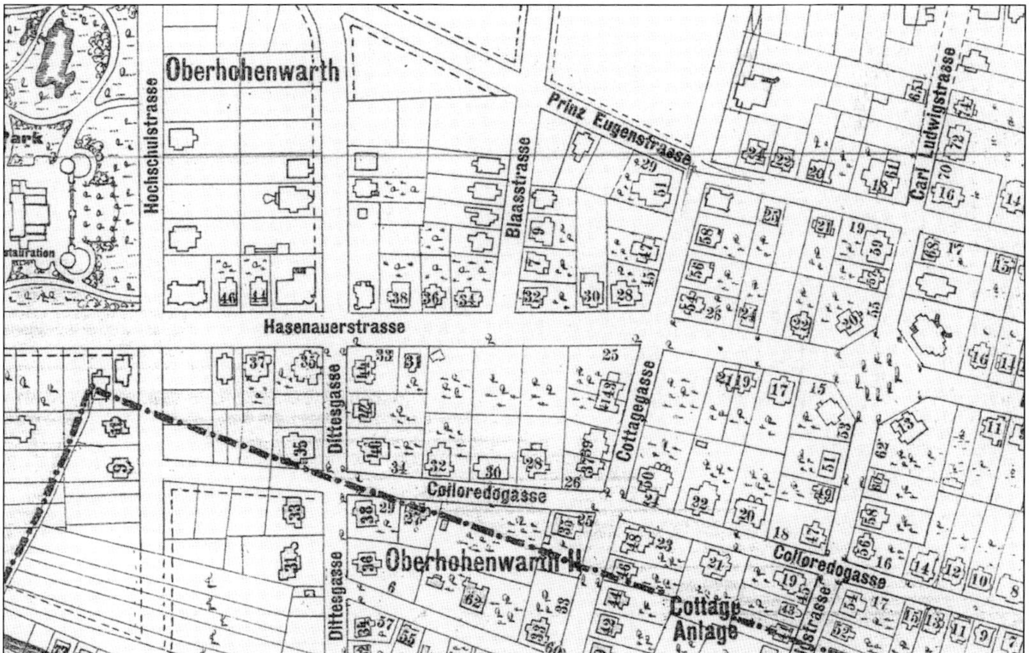

Der Währinger Allgemeine Friedhof befand sich an Stelle des Währinger Parks, Gymnasiumstraße 42 / Mollgasse / Philippovichgasse. Er war einer der fünf alten Kommunalfriedhöfe, die Joseph II. 1783 anlegen ließ. Der „Allgemeine" diente als letzte Ruhestätte für die Bewohner der Schottenpfarre und Lichtentals sowie der im Allgemeinen Krankenhaus und im Garnisonsspital Verstorbenen. 1854 und 1872 erweitert, war er der größte bis zur Eröffnung des Zentralfriedhofs 1874. Dann wurde er geschlossen.

1923 wurde das Areal des Allgemeinen Währinger Ortsfriedhofs als erste Parkanlage der Ersten Republik umgestaltet. Bürgermeister Jakob Reumann (1853-1925) pflanzte zur Eröffnung eine Eiche. „Die Wege, meist den alten Alleen folgend, bilden freundliche Promenaden mit dem Ausblicke auf das Grün der weiten, dem Auge so wohltuenden Rasenflächen", schrieb der damalige Stadtgartendirektor Fritz Kratochwjle.

Im 51.000 Quadratmeter großen Währinger Park gab es neben Grünflächen und Jugendsportanlagen eine Konditorei. Mit den verschiedenen Einrichtungen und auch Beleuchtung wurde „den Parkbesuchern während des Sommers die Möglichkeit gegeben, nach des Tages Mühen Erquickung und Abendkühle zu finden."

Die platzartige Erweiterung an der Kreuzung Hasenauerstraße / Weimarer Straße ist nach dem Schriftsteller Richard Kralik (1852-1934) benannt, der hier wohnte und starb (Nr. 3). Für die Platzmitte stiftete die Gemeinde Wien 1906 einen Brunnen, der an Erherzog Karl Ludwig (1833-1898) erinnerte, einen Protektor des Cottage-Vereins. Edmund Hofmann-Aspernburg schuf einen figurengeschmückten Obelisken, der im Zweiten Weltkrieg zerstört wurde. An seiner Stelle befindet sich seit 1954 ein Natursteinbrunnen mit den Figuren von Kindern und einer Schildkröte.

Die Hochschule für Bodenkultur, die seit 1975 Universität ist, fand um 1900 mit mehreren Gebäuden und einem Versuchsgarten nördlich des Türkenschanzparks Platz. Das Haupthaus in der Gregor-Mendel-Straße 33 entstand von 1894 bis 1896 nach Plänen von Alois Koch. Es ist eine frei stehende vierflügelige Anlage in Renaissanceformen.

Eck- und Mitteltürme, Sichtziegelverkleidung und Holzkonsolen der „Boku" erinnern an die Cottagearchitektur der Umgebung. Mächtige Säulen dominieren das Portal, vier allegorische Figuren nehmen auf die Bodenkultur Bezug. Die Ausstattung des Foyers und des Stiegenhauses erfolgte ebenfalls im Stil der Neorenaissance.

Seit der Mitte des 19. Jahrhunderts verkehrten Verbindungsbahnen zwischen Wiener Bahnhöfen, der Donaulände und der Donauuferbahn. Mit vielen Stationen und Industriegleisen dienten sie dem Handelsverkehr. Die Trasse führt auch – großteils unterirdisch – durch den Türkenschanzpark. Die Tunnels wurden 1896 gebaut und werden jetzt wieder von der S 45 befahren.

Auf der unverbauten Türkenschanze befanden sich staatliche Bauten, wie ein Pulvermagazin, Windmühlen und Sandgruben.

Severin Schreiber ließ auf der Türkenschanze gelben Bausand abbauen und verkaufte das Areal, nachdem es ausgebeutet war, der Stadt Wien für eine Parkanlage. In der Nähe ist eine Gasse nach ihm benannt. Ein Gemeindebau in Döbling heißt „Am Sandberg".

„Das Ehepaar Lukas, Aufseher der Sev. Schreiber'schen Sandgruben", ist das Foto aus dem Jahre 1905 beschriftet. Die Aufseherhütte befand sich bei der Peter-Jordan-Straße. Die kinderreiche Familie wohnte dort unter primitivsten Verhältnissen, hielt Ziegen und baute Gemüse an.

Als in den 1870er-Jahren das Währinger Cottageviertel entstand, kam der Wunsch nach einer gepflegten Parkanlage auf. Der Ringstraßenarchitekt Heinrich Ferstel, Obmann des Cottage-Vereins, war auch Initiator des „Vereins zur Errichtung eines öffentlichen Parks auf der Türkenschanze".

Mit Spenden, Sponsoren und Subventionen konnten zunächst 51.000 Quadratmeter Grund von Severin Schreiber erworben werden. Die Gemeinde Wien ließ statt der Sandgruben vom Stadtgartendirektor Gustav Sennholz einen englischen Garten anlegen, den Kaiser Franz Joseph am 30. September 1888 persönlich eröffnete.

Nach 20 Jahren wurde der Türkenschanzpark um zwei Drittel vergrößert. Die Stadt Wien erwarb die restlichen Sandgruben und ergänzte die Anlage im englischen Stil. Den „neuen" Teil im Westen gestalteten der Stadtplaner Heinrich Goldemund und Stadtgartendirektor Wenzel Hybler. Mit 150.000 Quadratmetern war der Türkenschanzpark bis 1918 die größte öffentliche Grünanlage Wiens.

Auf der Paulinenhöhe steht die Aussichtswarte, ein runder Sichtziegelbau mit einem Obergeschoss aus Fachwerk. Die Bezeichnung erinnert an Fürstin Pauline Metternich, die für die Gestaltung des Parks exotische Gehölze aus ihrer Baumschule in Böhmen spendete.

Der Türkenschanzpark mit seinen romantischen Teichen und altem Baumbestand erstreckt sich zwischen Gregor-Mendel-Straße, Peter-Jordan-Straße, Max-Emanuel-Straße und Hasenauerstraße.

Der Schauspieler Josef Kainz (1858-1910) erhielt 1899 die Berufung an das Wiener Burgtheater. Als k.u.k. Hofschauspieler verkörperte er 28 Rollen und wurde zum Vorbild für Generationen. Kainz wohnte im Cottageviertel, Lannerstraße 24. Schon bald nach seinem Tod setzte man ihm ein Denkmal im damaligen Meridianpark, der 20 Jahre später nach ihm benannt wurde. Sandor Jaray schuf 1911 die Bronzeplastik, die den Charakterdarsteller als „Hamlet“ zeigt.

In der Türkenschanzstraße 19 betrieb Rudolf Holzer ein Café und Restaurant mit einem Schanigarten. Für seine Gäste legte er eigene Ansichtskarten auf.

In seinen letzten Lebensjahren suchte der Astronom Carl Littrow (1811-1877) ein Areal für die neue Universitätssternwarte. Er setzte damit das Lebenswerk seines Vaters fort, der vor ihm die Sternwarte geleitet hatte. Im damals kaum erschlossenen Südteil der Türkenschanze zwischen Sternwartestraße 77, Türkenschanzstraße 17, Edmund-Weiß-Gasse und Littrowgasse fand sich ein geeignetes Grundstück.

1874 bis 1879 entstand der monumentale historistische Sichtziegelbau. Er hat einen kreuzförmigen Grundriss und vier Kuppeln, die den Instrumenten Platz bieten. Bei der Einrichtung wurden nur die besten Geräte erworben. Der Große Refraktor mit einem Objektivdurchmesser von 68 Zentimetern und einer Brennweite von 10,5 Meter war das größte Linsenfernrohr seiner Zeit.

Nachdem Carl Littrow 1877 während des Rohbaues verstorben war, wurde Edmund Weiß (1837-1917) sein Nachfolger. Es entstand die „architektonisch glänzendste Sternwarte der Welt". Die wissenschaftlichen Arbeiten begannen 1880 mit einer Kometenbeobachtung von Weiß. Das Bild zeigt die Kanzlei des Direktors.

Die Architektur der Universitätssternwarte stammt von Ferdinand Fellner (1847-1916) und Hermann Helmer (1849-1919), deren Werke als Hauptleistungen des europäischen Späthistorismus gelten. Fellner und Helmer waren Spezialisten des als Gesamtkunstwerk präsentierten Theaterbaus. Ihr Büro plante 50 Theater inner- und außerhalb der k.u.k. Monarchie. 1882 eröffnete der Kaiser die Sternwarte, deren Gesamtkosten eine Million Gulden betrugen.

Die Beschriftung des historischen Fotos „Rothschildsternwarte" verweist auf das Mäzenatentum Albert Baron Rothschilds (1844-1911) für die Universitätssternwarte. Er führte ab 1872 die Bankgeschäfte in Wien und widmete dem Forschungsinstitut zwei Nebengebäude. 1889/90 errichteten Fellner und Helmer einen zweigeschossigen Bau aus gestreiftem Sichtziegelmauerwerk mit Zinnentürmchen. Das dort montierte Coudé-Fernrohr fand vier Jahrzehnte hindurch Verwendung.

Der Sternwartepark, einst ein wichtiges Argument für die Standortwahl, erweckte in den 1970er-Jahren öffentliches Interesse. Für den Neubau eines zoologischen Universitätsinstituts sollten 80 Bäume gefällt werden. Eine Bürgerinitiative erwirkte erstmals eine Volksbefragung. Mehr als ein Drittel der Wahlberechtigten nahm daran teil, mehr als 57 Prozent sprachen sich gegen das Projekt aus und forderten die Öffnung des Parks. Der Neubau wurde zwar verhindert, die gewünschte Öffnung des Parks aber nicht erreicht.

1909, als dieses Foto von „Regulierungsarbeiten" entstand, hieß die Gasse am Südende des Sternwarteparks noch Spöttelgasse. Ignaz Desiderius Spöttel baute um 1820 das erste, und lange Zeit einzige, Haus auf dieser Anhöhe. Sein Sohn Ignaz Spöttel war als Maler, Prähistoriker und Numismatiker bekannt. Nach dem Tod des Astronomen Edmund Weiß wurde die Gasse zu Ehren des langjährigen Sternwarte-Direktors umbenannt.

Die Lazaristengasse enthält ein Ensemble sehenswerter Jugendstilhäuser. Das Haus Nummer 14 bewohnte der Grafiker und Kupferstecher Alfred Cossmann (1870-1951), einer der großen Exlibris-Künstler Österreichs.

Die aus England kommende Cottage-Idee sollte als Alternative zur Bauspekulation die Wohnqualität in stadtnahen Gartenhäusern verbessern. Schon im ersten Jahr (1873/74) entstanden 50 Bauten. Die Anlage umfasst eine Fläche von 64 Hektar mit 350 Häusern in 16 Gassen zwischen Gymnasiumstraße und Josef-Kainz-Platz sowie Haizingergasse und Lannerstraße.

In der ersten Bauphase waren die Grundrisse einfach, später wurden die Villen immer repräsentativer. Prominente Künstler und Wissenschaftler ließen sie erbauen. Außerdem entstanden größere Mietvillen und ein Sportplatz zum Eislaufen, Radfahren und Tennisspielen mit eigenem Klubhaus. Währing wurde zum Vorbild für Cottageanlagen im 12., 13. und 14. Bezirk, die Erfahrungen beeinflussten auch die Wiener Bauordnung.

Währing ist als Schulbezirk bekannt und hat als einziger eine Schulgasse. In der Zwischenkriegszeit gab es 18 Volks- und Bürgerschulen, acht Mittelschulen, fünf gewerbliche Fortbildungsschulen, zwei Sonderschulen und acht private Lehranstalten. Der katholische Schulverein gründete 1894 in der Semperstraße 45 eine Volksschule für Knaben. Sie wurde später für Mädchen geöffnet und 1923 durch eine Mittelschule erweitert. Das Bild zeigt ihre Kapelle um 1930.

Neben der Schule in der Anastasius-Grün-Gasse erhebt sich Nummer 8, seit 1928/29 das Volkswohnhaus der Gemeinde Wien, das bis in die Mollgasse 3-5 reicht. Franz Wiesmann plante es mit 53 Wohnungen auf vier Stiegen.

Markant sind bei diesem Gemeindebau die Doppelloggien und die dreieckig vorspringenden, verglasten Stiegenhäuser in der Mollgasse.

# 4
# Gersthof – Zwischen Vorortelinie und Dürwaring

*Alt-Gersthof umfasste nur einige Häuser beim Gerstlerhof, Gersthofer Straße 123. Auf dessen Besitzer, Georg Gerstler, geht der Ortsname zurück, der sich 1435 in einer Urkunde findet. Im Biedermeier wurde der Gutshof zum Schloss und dieses später zum Findelhaus als Vorläufer der angrenzenden, großen Anlage in der Bastiengasse. Diese lange Gasse quert den Vorort und führt über die Dürwaringbrücke Richtung Schafberg. „Dürre Waring" nannte man seit dem Mittelalter einen Quellbach des Währinger Baches, der frei durch den Ort fließend, die Entwicklung Gersthofs behinderte. Ende des 19. Jahrhunderts entstand Neu-Gersthof als Rasterviertel in der Gegend der unteren Herbeckstraße. Die barocke Johanneskapelle in der Nähe des Schlosses war längst zu klein geworden, auf dem Bischof-Faber-Platz wurde von 1887 bis 1891 eine neogotische Kirche errichtet. Der markante Bogen der Vorortelinie trennt Gersthof von Währing. Das Stationsgebäude stand ursprünglich auf Weinhauser Grund. Bei diesem Otto-Wagner-Bau beginnt der vierte Spaziergang.*

In den letzten Jahrzehnten des 19. Jahrhunderts plante der Wiener Wohnungsreform-Verein östlich der Gersthofer Straße Neu-Gersthof. Der Blick von der Schreiberschen Sandgrube auf der Türkenschanze lässt das Rasterviertel erkennen. Man versprach den 2.000 Mitgliedern billige Wohnhäuser auf Genossenschaftsbasis. In Gersthof kaufte der Verein 100.000 Quadratmeter Baugrund. Nachdem er sich aufgrund finanzieller Probleme auflöste, wurden die Gründe parzelliert und günstig an die Mitglieder abgegeben.

Die Vorortelinie der Stadtbahn führte als Hoch- und Tiefbahn über 13 Kilometer Länge von Heiligenstadt nach Hütteldorf, wo sie in die Westbahn mündet. Den Netzentwurf lieferte das Stadtbauamt im Jahre 1882. Zehn Jahre später wurde die „Commission für Verkehrsanlagen" gegründet, 1893 begann der Bau. 1898 fuhr die Bahn eingleisig, ab dem folgenden Jahr zweigleisig.

Die Überfahrtsbrücke im Zuge der verlängerten Kreuzgasse über die Station Gersthof hat zwei durch Moniergewölbe überspannte Öffnungen von 11,4 Meter und 20,25 Meter Spannweite. Bei der Station Gersthof siedelte sich ein kleiner Markt an.

Für Konzept und Gestaltung zeichnete Otto Wagner verantwortlich. Das Stationsgebäude in Gersthof entstand von 1895 bis 1897. Nach jahrzehntelangem Verfall wurde die „Jugendstillinie" als S 45 der Bundesbahn 1987 revitalisiert.

In der Gegend der Gersthofer Straße 65 führte eine Brücke über den Währinger Bach. 1724 – fünf Jahre vor der Heiligsprechung – stiftete der Kaufmann Claudius Scharet eine Statue des Brückenheiligen Johannes Nepomuk. Nach der Figur war das Restaurant „Johanneshof" benannt. Das mit der Aufschrift „Gersthofer Allee" versehene Foto aus dem Wien Museum zeigt den Ausblick vom Restaurant, links sind einige Weinfässer zu erkennen.

Der Johanneshof bestand seit 1875. Ein Umbau 1898 und der Anbau eines Glassalons 1906 gaben ihm sein charakteristisches Aussehen. Am Jugendstilhaus befindet sich ein Portrait des Cafétiers Ludwig Riedl. Er ließ auch eine Kapelle für die Johannesstatue errichten und begründete eine Stiftung für deren immerwährende Erhaltung.

Franz Wiesmann gilt als einer der talentiertesten Wohnbauarchitekten des Stadtbauamtes. Seine zurückhaltenden und manchmal überraschenden Lösungen sind von städtebaulicher Sorgfalt und detailsicherer Ausführung gekennzeichnet. Er plante mehrere Gemeindebauten, u.a. 1931 Bastiengasse 8 / Schöffelgasse 69 / Höhnegasse 7-11 mit 74 Wohnungen auf vier Stiegen.

In der Gegend des Bischof-Faber-Platzes befanden sich seit den 1870er-Jahren Volks- und Bürgerschulen, die sukzessive erweitert wurden. 1913 einheitlich umgestaltet, zählte der „Schulpalast“ gegenüber der Pfarrkirche zu den größten und modernsten Bildungsanstalten Wiens.

Die Pfarrkirche „Zum heiligen Leopold“ thront als geistlicher Mittelpunkt im Schnittpunkt des Bischof-Faber-Platzes. Bis 1877 befand sich hier der zweite Gersthofer Friedhof. Die Leopoldskirche war die einzige dreischiffige Hallenkirche ihrer Zeit. Der bekannte Kirchenarchitekt Richard Jordan (1847-1922) verfasste die Pläne zum neogotischen Sichtziegelbau mit 60 Meter hohem Turm. 2004 werden die Ost- und Nord-Fassaden saniert.

Die Pfarre Gersthof musste im Zuge der Notmaßnahmen im Ersten Weltkrieg ihre Glocken abliefern. 1924 gründete der Fuhrwerksbesitzer Leopold Schwarz ein Komitee, das innerhalb kürzester Zeit die notwendigen Mittel für drei neue aufbrachte. Das Foto zeigt 1926 den festlichen Einzug der Glocken in der Scheibenberggasse. Doch auch diese wurden im Zweiten Weltkrieg eingeschmolzen und 1952 durch drei stählerne ersetzt.

Der Gemeindebau Hockegasse 9 / Alseggerstraße 55 entstand 1928. Er enthält 36 Wohnungen auf drei Stiegen. Architekt Paul Gütl betonte die Ecke durch einen Dachgeschossaufbau.

Gersthofer Straße 75-77 / Hockegasse 1-7 und 2-4 / Höhnegassse 6 / Alseggerstraße 46-48 entwarfen Karl und Friedrich Schön 1929 einen Gemeindebau mit 20 Stiegen und 286 Wohnungen. Die monumentale Anlage dominiert den Beginn der Hockegasse. Ecke Gersthofer Straße enthält ein geknickter, turmartiger Bauteil Geschäfte, drei Wohngeschosse und Dachateliers. Das Volkswohnhaus umfasst zwei große begrünte Höfe und einen Straßenbrückentrakt an der Alsegger Straße.

Der „Gerstlerhof" Gersthofer Straße 123 wird als Ursprung und Namengeber des Ortes angesehen. 1806 erwarb der Großhändler Andreas Popper die Grundherrschaft. Er baute an Stelle der alten Häuser ein Schlössel und ließ einen romantischen Park mit Teichen, den so genannten Poppergarten, anlegen.

Nach mehrmaligem Besitzerwechsel, u.a. Adelige und der Hofhafnermeister Franz Erndt, kam der Besitz 1900 an den Landesfindelhausfonds. Die Kinder wurden zunächst im ehemaligen Schlössel untergebracht. 1908 legte Kaiser Franz Joseph den Grundstein zum NÖ Landes-Zentralkinderheim, dessen Eingang in der Bastiengasse 36 liegt.

In der Gersthofer Straße 129 befindet sich eine barocke Johann-Nepomuk-Kapelle. Nach dem Orden, der sie im ersten Viertel des 20. Jahrhundert betreute, heißt sie auch Trinitarierkapelle. Hofkriegsrat Matthäus Lidl (Lydl) von Schwanau (1670-1749) stiftete sie als Hauskapelle, in der sich seine Gruft befindet. Sie diente von 1784 bis 1890 als Pfarrkirche. 1979 restauriert, bildet sie mit dem angrenzenden einstigen Stiftungshaus Nr. 127 den Sprengel Alt-Gersthof der r.k. Pfarrgemeinde St. Leopold.

Der Bildstock, den das Kulturamt der Stadt Wien 1979 bei der Gersthofer Straße 131 aufstellen ließ, stammt aus dem 15. Jahrhundert. Sein tabernakelartiger Aufsatz enthielt vier Reliefs, von denen Verkündigung, Ölberg und Kreuzigung erhalten sind. Ursprünglich stand er am Weg nach Pötzleinsdorf, dann beim Haus Gersthofer Straße 152, wo ihn das Bild zeigt.

Gersthofer Straße 141 war das Haus Prager eines der ältesten des Ortes. Der Hof zwischen den beiden Trakten wurde als Heurigenausschank genützt. Das um 1890 entstandene Foto zeigt laut Beschriftung die Besitzer und die Familien Fröschl und Havlicek.

Eckpergasse 40 errichtete die gemeinnützige Baugenossenschaft Wienerwald ein Wohnhaus nach Plänen von Architekt Siegfried Sitte. Es handelt sich um ein Doppelhaus mit zwei Stiegen, jedes Geschoss enthält vier Großwohnungen. Unmittelbar daneben, Eckpergasse 42, begann die Einwölbung der Dürwaring.

Die Dürwaringbrücke überspannt seit 1910 die Scheibenbergstraße. Die sezessionistische Stahlbetonbrücke mit Stiegenabgängen ist ein Projekt des Volksopern-Erbauers Franz Krauß. Im angrenzenden Jugendstilhaus „Am Brünnlgrund" hatte der 1862 gegründete „Erste Wiener Konsumverein" ein Lokal. Die Bezeichnung „Dürre Waring" für einen Quellbach des Währinger Baches ist seit dem 14. Jahrhundert überliefert.

Das NÖ Landes-Zentralkinderheim, Bastiengasse 36-38, befand sich im oberen Teil des Poppergartens. Am 12. Mai 1908 legte Kaiser Franz Joseph den Grundstein, zwei Jahre später war die Fürsorgeanstalt fertig. Nach den Plänen des Landesbau-Direktors und Spitalsplaners Franz Berger entstanden sechs fünfgeschossige Gebäude im Pavillonsystem. Sie waren zur Unterbringung von 266 Wöchnerinnen, 392 Säuglingen und 46 Kindern bestimmt.

Nach der Trennung der Bundesländer NÖ und Wien 1922 ging die Anstalt auf die Gemeinde über. 2004 befinden sich in den Gebäuden eine Hebammenakademie, das Frauenberatungszentrum FEM, eine Krankenpflegeschule, gynäkologische und geburtshilfliche Fachabteilungen. In der Semmelweis-Frauenklinik kommen alljährlich 3.000 Babys zur Welt. In einem der sechs Pavillons sind derzeit ein Kindertagsheim sowie das zentrale Pass- und Fundservice der Stadt Wien untergebracht.

Die Semmelweisklinik (jetzt Department Semmelweisklinik der Krankenanstalt Rudolfstiftung), befindet sich in den Gebäuden des ehemaligen NÖ Landes-Zentralkinderheims. Im Zweiten Weltkrieg, als viele Spitäler als Lazarette Verwendung fanden, richtete man in mehreren Pavillons eine Frauenklinik ein. Benannt ist sie nach dem ungarischen Arzt Ignaz Philipp Semmelweis (1818-1865). Er erkannte mangelnde Hygiene als Ursache des Kindbettfiebers.

Herbeckstraße 75 plante Gustav Flesch-Brunningen 1913 eine Wohnhausanlage für die Mitarbeiter der Allgemeinen Pensionsanstalt der Angestellten. Die viergeschossigen Gebäude mit 13 Stiegen befinden sich in Hanglage zwischen Scheibenbergstaße und Eckpergasse. Der Architekt gruppierte sie asymmetrisch um einen begrünten Hof. Auffallend sind die hohen, mit Schindeln verkleideten Mansarden.

Das Lebensmittelgeschäft im Beamtenwohnhaus trägt das Schild der Alpenmilch-Zentrale Partik. Der Bauernsohn Anton Partik (1880-1967) kam als vierzehnjähriger Lehrling in eine Wiener Lebensmittelgroßhandlung. 1913 begann er mit dem Milchhandel. Während des Ersten Weltkriegs eröffnete er in der Herbeckstraße 88 und 90 eine Molkerei. In den 1930er-Jahren hatte die Firma mehr als 50 Verkaufsstellen. Sie bestand nach kriegsbedingten Unterbrechungen bis 1970.

Die Rosenmayr waren eine bekannte Gersthofer Milchmeier-Familie in der Schalkgasse 4. Nach dem Währiger Bezirksrat Leopold Rosenmayr wurde in nächster Nähe – Möhnergasse / Thimiggasse beim Gersthofer Friedhof – ein rund 4.000 Quadratmeter großer Park benannt.

Die Scheidlstraße führt von der Gersthofer Straße fast bis zum Friedhof. Die Familie Scheidl ist seit Generationen in Gersthof ansässig. Der Fuhrwerks- und Wirtschaftsbesitzer Karl Scheidl eröffnete diese Straße. Die Ansichtskarte zeigt die Kreuzung mit der Schöffelgasse stadteinwärts.

# 5

# Pötzleinsdorf – Am Fuße des Schafbergs

*Pötzleinsdorf wird zu den ältesten Siedlungen im Wiener Raum gezählt. 1112 liest man in einer Urkunde des Stiftes St. Georgen an der Traisen von „Pezelinsdorf". Die Grundherren sollen im Gefolge der Babenberger mit den Grafen von Burghausen gekommen sein, die zwischen Ottakringer und Währinger Bach belehnt wurden. Dass einer von ihnen in dieser ungastlichen Gegend einen Bären (Petz) überwältigt habe, ist allerdings ins Reich der Sage zu verweisen. Im ausgehenden 18. Jahrhundert erwarb Gräfin Philippina Herberstein das Schloss in Pötzleinsdorf. Ihr folgte der Bankier Johann Geymüller (1760-1834). Beide legten großen Wert auf die Gestaltung des Schlossparks. Die berühmtesten Kunstgärtner ihrer Zeit legten einen englischen Landschaftsgarten mit Teichen, exotischen Gehölzen und kleinen klassizistischen Bauwerken an. Um 1900 begann die Entwicklung des Schafbergs als Freizeitareal mit Hotel, Ringelspiel und Konzertsaal, wo u.a. die Deutschmeisterkapelle gastierte. Auch der erste Wettlauf auf Schiern in Österreich fand auf dem Schafberg statt. Hier endet der letzte Bilderweg durch Währing.*

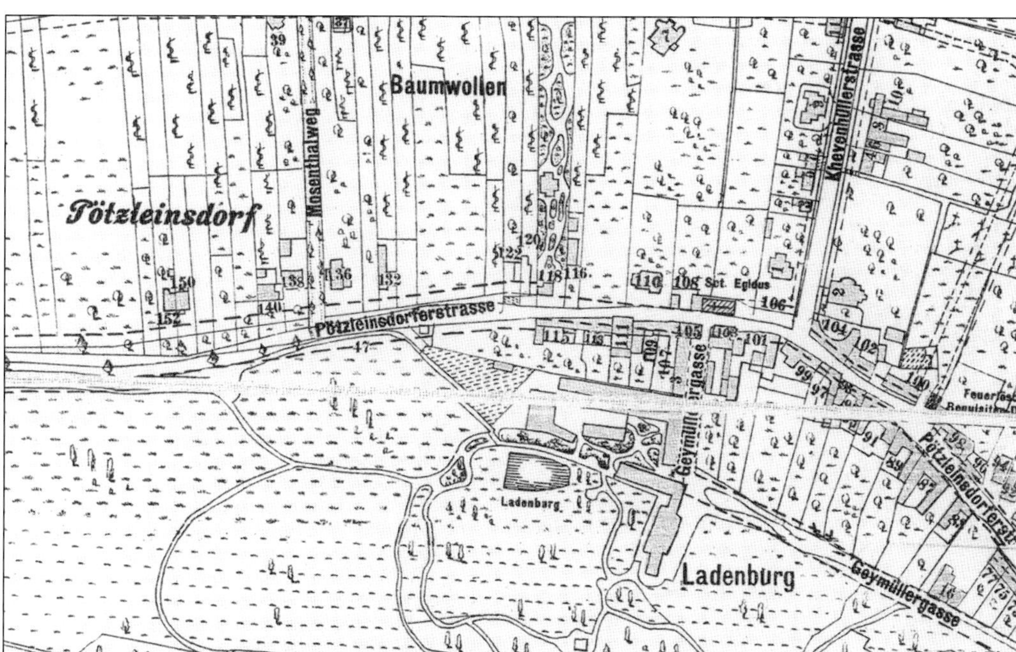

„Pötzleinsdorf 1931“, lautet die Aufschrift dieses Fotos im Bezirksmuseum Währing. Rechts hat ein Heuriger ausg'steckt, gegenüber nähert sich der O-Bus einer Haltestelle.

Die Pötzleinsdorfer Straße ist die direkte Fortsetzung der Gersthofer Straße. Gegenüber der Straßenbahn-Endstation der Linie 41 entstanden Ende des 19. Jahrhunderts zahlreiche Villen. Haus Nummer 58 (rechts) baute Anton Wimmer 1895 in streng historistischen Formen, Nummer 62 (links) errichtete Stefan Hanusch 1889.

Vom Beginn bis um die Mitte des 20. Jahrhunderts betrieb die Familie Johann Eder ihre Restauration beim Schlosspark, in der Pötzleinsdorfer Straße 67.

Die Gastwirtschaft hatte einen günstigen Standort. Beim Pötzleinsdorfer Schlosspark war die Endstation der „Elektrischen“ Linie 41. Hier konnte man in den Stellwagen nach Salmannsdorf umsteigen, der vor dem O-Bus verkehrte.

Am 14. Oktober 1908 fand die Eröffnung der O-Bus-Linie Pötzleinsdorf–Salmannsdorf statt. Genau 30 Jahre hindurch fuhren die „Oberleitungs-Automobile" auf den für die Straßenbahn ungeeigneten, steilen und engen Verbindungswegen.

Der „Zweiundzwanziger" war eine der ersten ständig betriebenen O-Bus-Linien der Welt. Der Bus hatte vier Radnaben-Motoren und fuhr bei Bedarf mit einem Beiwagen. Die Strecke war 2,2 Kilometer lang.

1907 hatte die renommierte Wagenbaufirma Lohner mit der Herstellung von O-Bussen begonnen. Im Laufe der Zeit lieferte sie für sechs österreichische O-Bus-Linien – u.a. in Klosterneuburg und in Gmünd – 20 Busse und einen Oberleitungs-Lastkraftwagen. Die Pötzleinsdorfer Linie überlebte als einzige den Ersten Weltkrieg und war mit Lohner-Stoll-O-Bussen bis 1938 in Betrieb.

Unterhalb des Friedhofs lag das Armenhaus, Pötzleinsdorfer Straße 100. Zuvor im Besitz der Grundherrschaft, wurde es 1839 von Johann Falkner-Geymüller (1781-1848) der Gemeinde überlassen. Hundert Jahre später kündete eine Tafel am Zaun: „Zugang zum Friedhof. Auf diesem Promenadeweg sind die Hunde an der Leine zu führen."

In den 1930er-Jahren entstand eine Foto-Dokumentation der zum Abbruch bestimmten so genannten Althäuser Pötzleindorfer Straße 100 bis 104.

Der Demolierung preisgegeben schien auch das Geymüllerschlössel, Pötzleinsdorfer Straße 102 / Khevenhüllerstraße 2, mit einem romantischen Park. An seiner Stelle wollte die Deutsche Reichsbank einen Neubau errichten. 1946 kaufte der Generaldirektor der Staatsdruckerei, Franz Sobek (1903-1975), das verfallene Gebäude. Er ließ es restaurieren und brachte seine Antiquitäten- und Uhrensammlung darin unter. 1965 schenkte Sobek Besitz und Sammlung der Republik Österreich.

Von der Pötzleinsdorfer Straße führte der „Pötzleinsdorfer Hohlweg“ nach Neustift am Walde. Bis 1894 hieß die steil ansteigende Verbindung Bergsteiggasse, dann wurde sie nach Johann Josef Graf Khevenhüller (1706-1776) benannt. Der Hofmarschall war um 1750 Besitzer der Herrschaft Pötzleinsdorf, 1763 erlangte er die Reichsfürstenwürde.

Das typische Bild von Pötzleinsdorf ist der Blick auf die Häuserzeile Pötzleinsdorfer Straße 91 bis 105 mit dem Blick zur Kirche, Nummer 108.

Eine kleine Kastanienallee führt zur alten Kirche. Sie wurde 1784 zur Pfarrkirche erhoben und 2004 restauriert. An der Mauer davor sind zwei barocke Grabsteine und ein Brunnen eingemauert.

Hofarchitekt Johann Adam Minzer schuf den Hochaltar der alten Pötzleinsdorfer Pfarrkirche. Die Strahlenkranz-Madonna stammt aus dem Himmelpfortkloster. Weitere Gemälde stellen den Kirchenpatron St. Ägydius, Antonius von Padua und den Drachenkämpfer Georg dar. Nachdem das Gotteshaus zu klein geworden war, errichtete Karl Schwanzer von 1960 bis 1963 in der Pötzleinsdorfer Straße 63 die Christkönigskirche mit Pfarrzentrum und Kindergarten.

Der Pötzleinsdorfer Schlosspark zählte zu den berühmtesten englischen Gärten seiner Zeit. Der Bankier Johann Geymüller ließ ihn um 1800 unter Einbeziehung des bisher öden Nordabhangs des Schafberges als englischen Garten mit Teichen, exotischen Gehölzen, Glas- und Lusthäusern anlegen.

Das tempelartige Gebäude im Pötzleinsdorfer Schlosspark wurde um 1850 als „Salon" oder „Preindl-Salettl" bezeichnet. Es hatte Fenster, Türen und einen Intarsienfußboden, in der Mitte befand sich eine Marmorfigur. Johann Falkner-Geymüller ließ es 1839 für die Tänzerin Maria Preindl errichten. Der Neffe und Kompagnon des früheren Gutsherrn war der Gründer der Vöslauer Kammgarnfabrik und Besitzer eines Palais auf der Wieden.

Der letzte private Eigentümer des Pötzleinsdorfer Schlosses, Geymüllergasse 1, war der Industrielle und Kunstsammler Max Schmidt (1861-1935). Er kaufte den Besitz 1920 und gab dem Schloss ein neobarockes Aussehen mit einer Freitreppe. Er erwarb auch 4,4 Hektar des anschließenden Waldes und forstete ihn nach kriegsbedingtem Kahlschlag auf.

In seinem Testament verfügte Schmidt, dass der Besitz an die Gemeinde Wien übergehen und für die Allgemeinheit geöffnet werden solle. Der Platz bei der Endstelle der Straßenbahnlinie 41 wurde nach ihm benannt.

Das Schmiedeeisentor mit einem Flügel aus ehemals Liechtenstein'schem Besitz in Vaduz ist wohl das schönste Schultor Wiens. Seit 1983 beherbergt das Schloss die Rudolf-Steiner-Schule Pötzleinsdorf mit inzwischen fünf Kindergartengruppen, zwölf Waldorfschulklassen und einer Maturaklasse.

Die inzwischen abgetragene pompöse Freitreppenanlage ließ erst Max Schmidt erbauen. 1930 hielt die allseits geachtete Pötzleinsdorfer Freiwillige Feuerwehr hier ihr Fest unter reger Publikumsbeteiligung ab.

Die Pötzleinsdorfer Freiwillige Feuerwehr war die älteste Wiens. Sie entstand aus der 1864 gegründeten Gemeindefeuertruppe. Ihre Mitglieder erwarben sich Verdienste beim Hochwassereinsatz 1907 und bei der Brandbekämpfung im Badhaus und Hotel auf dem Schafberg.

Am Waldweg zur Schafbergalpe befand sich hinter einem Wegkreuz keine fromme Bildereiche. Der Baum trug Werbeschilder für Adolf Knorrs Hotel, Meierei und Winzerei.

Der 388 Meter hohe Schafberg war bis in die Mitte des 19. Jahrhunderts unbewohnt, erst dann siedelte sich ein Bauer und Fuhrwerker an. Aus der Landwirtschaft entstand um 1900 ein Gasthaus und Vergnügungsbetrieb mit Ringelspiel, Schaukel und Konzertsaal. Später kam ein Hotel dazu. Die benötigten Lebensmittel lieferte die eigene Meierei.

Seit 1922 war Adolf Knorr Besitzer des Hotel-Restaurants und der „Erfrischungsstation". Er eröffnete das Lokal nach umfassender Renovierung 1925 und veranstaltete dort jeden Sonntag Konzerte. Das Foto zeigt den Gastronomen (links) mit der Wiener Deutschmeisterkapelle Edi Kugler.

Der Betrieb umfasste Wein- und Gemüsegärten, Tierzucht und einen Heurigen. Sogar ärztlich empfohlene Milchkuren gab es auf der Schafbergalpe.

Nachdem der Erste Weltkrieg dem florierenden Restaurantbetrieb ein Ende gemacht hatte, wurden die Grundstücke an Schrebergärtner verpachtet. Die Kinderfreunde richteten ein Erholungsheim ein, das bis 1934 bestand. Allmählich breiteten sich Siedlungen auf den Hängen des Schafbergs aus.

Der Schafberg war eines der wichtigsten Freizeitareale am Wiener Stadtrand. Kleine Heurige naschten am Erfolg des großen Hotels mit. Am Utopiaweg 12 hatte der „Köllernazl" seine Buschenschank. Dem Fotografen präsentierte sich Ignaz Köller standesgemäß mit Weinheber und Glas.

Pötzleinsdorf gilt als Wiege des Wiener Schisports. Initiatoren waren zwei Norweger, Baron Wedl-Jauersberg und ein Bäcker namens Samson. Dazu kam Ludwig Straßer, dessen Gasthof in der Pötzleinsdorfer Straße 103 zum Vereinslokal wurde. Die drei Sportbegeisterten organisierten 1892 auf dem Schafberg den ersten Schiwettlauf Österreichs. Auf der bergauf angelegten Strecke trat Samson auf Schiern gegen zwei Männer mit Schneereifen an. Erwartungsgemäß siegte er überlegen.

Sutton Verlag

# BÜCHER AUS WIEN

**Innere Stadt. Wien, 1. Bezirk**
*Ernst Grabovszki*
3-89702-424-1 | 18,90 € [A]

**Wien-Leopoldstadt**
*Josef König und Hans König*
3-89702-514-0 | 18,90 € [A]

**Wien-Landstraße**
*Christoph Römer*
3-89702-315-6 | 18,90 € [A]

**Wien-Wieden. Historische Bezirksbilder**
*Felix Czeipek*
3-89702-715-3 | 18,90 € [A]

**Wien-Margareten**
*Dagmar Spitznagl*
3-89702-473-X | 18,90 € [A]

**Neubau. Wiens 7. Bezirk**
*Heinz Jankowsky*
3-89702-472-1 | 18,90 € [A]

**Wien-Alsergrund**
*Alfred Wolf*
3-89702-644-9 | 18,90 € [A]

**Wien-Favoriten**
*Harald Eschenlor*
3-89702-670-8 | 18,90 € [A]

**Simmering. Wiens 11. Bezirk**
*Petra Leban und Hannelore Leban*
3-89702-395-4 | 17,90 € [A]

**Wien 12 – Meidling. Ein Bilderbogen**
*Hans W. Bousska*
3-89702-300-8 | 17,90 € [A]